BEI GRIN MACHT SICH IHR WISSEN BEZAHLT

AF145439

- Wir veröffentlichen Ihre Hausarbeit,
  Bachelor- und Masterarbeit

- Ihr eigenes eBook und Buch -
  weltweit in allen wichtigen Shops

- Verdienen Sie an jedem Verkauf

Jetzt bei www.GRIN.com hochladen und kostenlos publizieren

Bibliografische Information der Deutschen Nationalbibliothek:

Die Deutsche Bibliothek verzeichnet diese Publikation in der Deutschen National-bibliografie; detaillierte bibliografische Daten sind im Internet über http://dnb.d-nb.de/ abrufbar.

Dieses Werk sowie alle darin enthaltenen einzelnen Beiträge und Abbildungen sind urheberrechtlich geschützt. Jede Verwertung, die nicht ausdrücklich vom Urheberrechtsschutz zugelassen ist, bedarf der vorherigen Zustimmung des Verla-ges. Das gilt insbesondere für Vervielfältigungen, Bearbeitungen, Übersetzungen, Mikroverfilmungen, Auswertungen durch Datenbanken und für die Einspeicherung und Verarbeitung in elektronische Systeme. Alle Rechte, auch die des auszugsweisen Nachdrucks, der fotomechanischen Wiedergabe (einschließlich Mikrokopie) sowie der Auswertung durch Datenbanken oder ähnliche Einrichtungen, vorbehalten.

Impressum:

Copyright © 2014 GRIN Verlag, Open Publishing GmbH
Druck und Bindung: Books on Demand GmbH, Norderstedt Germany
ISBN: 9783668506039

Dieses Buch bei GRIN:

http://www.grin.com/de/e-book/373209/helga-bildens-geschlechtsspezifische-sozialisation-aufsaetze-von-1980

Lisa Schwenty

Helga Bildens "Geschlechtsspezifische Sozialisation". Aufsätze von 1980 und 1991 im Vergleich

GRIN Verlag

GRIN - Your knowledge has value

Der GRIN Verlag publiziert seit 1998 wissenschaftliche Arbeiten von Studenten, Hochschullehrern und anderen Akademikern als eBook und gedrucktes Buch. Die Verlagswebsite www.grin.com ist die ideale Plattform zur Veröffentlichung von Hausarbeiten, Abschlussarbeiten, wissenschaftlichen Aufsätzen, Dissertationen und Fachbüchern.

Besuchen Sie uns im Internet:

http://www.grin.com/

http://www.facebook.com/grincom

http://www.twitter.com/grin_com

Philipps-Universität Marburg

Fachbereich Erziehungswissenschaften

Institut Erziehungswissenschaft

BA 3 – Pädagogische Theorie und Pädagogisches Handeln

Vergleichende Rezension

Helga Bilden

Geschlechtsspezifische Sozialisation

Lisa Nadine Schwenty
Erziehungs- und Bildungswissenschaften
2. Fachsemester

Abgabetermin: 30.09.2014

Inhaltsverzeichnis

1. Einleitung

Noch heute wird in vielen Büchern und Filmen mit Geschlechterrollen gespielt, auch im Alltag begegnen uns täglich Stereotype. Es stellt sich die Frage, woher diese Denkweisen sowie mögliche geschlechtsspezifische Unterschiede eigentlich kommen. Sind Unterschiede angeboren oder werden sie anerzogen? Inwieweit spielt Prägung durch die Gesellschaft eine Rolle bei der geschlechtsbezogenen Identitätsbildung? Helga Bilden zählt zu den Personen, die sich schon vor mehreren Jahrzehnten mit den Hintergründen von Stereotypenbildung auseinandergesetzt haben.

Die folgende Arbeit untersucht zwei Beiträge zur ,,Geschlechtsspezifischen Sozialisation", die davon handeln, wie sich Menschen im Zusammenspiel mit ihrer Umwelt gesellschaftlich und kulturell geprägt zu Männern und Frauen entwickeln.

Bilden definiert Sozialisation als einen Prozess, der ,,aus einem Neugeborenen ein in seiner Gesellschaft handlungsfähiges Subjekt" (1991, S. 279) konstruiert. In den beiden hier behandelten Publikationen setzt sie sich mit Aneignungsprozessen, dem Zusammenhang von Sozialisation und Geschlecht, und der Frage, woher angebliche oder auch empirisch beobachtete geschlechtsspezifische Unterschiede stammen auseinander. Auf dieser Grundlage versucht sie, die Entstehung bestimmter Differenzen zu erklären. Weiterhin thematisiert sie Geschlechterrollen, Machtverhältnisse zwischen den Geschlechtern, das Frauenbild, die Identitätsbildung und auch die Sozialstruktur der Gesellschaft.

Die Entscheidung für die beiden Publikationen Helga Bildens habe ich getroffen, da mich neben den unterschiedlichen Ansichten zur Forschung der menschlichen Entwicklung und den Sozialisationsprozessen vor allem interessiert, wie sich die gesellschaftlichen Vorstellungen sowie der Blick auf die Thematik gewandelt haben.

Deshalb werde ich im Folgenden zwei Texte der gleichen Autorin zum gleichen Thema untersuchen, die jedoch im zeitlichen Abstand von elf Jahren entstanden sind. Nach dieser kurzen Einführung in das Thema folgt zunächst eine knappe Vorstellung der Autorin. Dabei werde ich mich ausschließlich auf die Bereiche beziehen, die relevant sind, um ihr Interessengebiet und ihr Anliegen in den zugrundeliegenden Texten vorzustellen.

Danach beginne ich, die beiden behandelten Beiträge separat vorzustellen, zunächst den von 1980 und im Anschluss den elf Jahre später erschienenen Text von 1991. Dabei wird es zunächst vor allem um zentrale inhaltliche Aussagen und eine zeitliche sowie thematische Einordnung der jeweiligen Publikation gehen. Im fünften Kapitel der Arbeit werde ich einige vergleichende Gesichtspunkte aufgreifen, um Unterschiede sowie Gemeinsamkeiten herauszuarbeiten. Außerdem werden während der Analyse aufkommende Fragen, die

Wirkung auf Leserinnen und Leser sowie die Entstehungszusammenhänge der Texte untersucht. Zum Schloss erfolgt ein persönliches Fazit.

2. Vorstellung der Autorin

Helga Bilden, eine deutsche Psychologin, wurde am 2. Januar 1941 in Eschweiler geboren. Nach dem Abitur studierte sie unter anderem Soziologie sowie Psychologie und arbeitete als Sozialwissenschaftlerin. Der Schwerpunkt ihrer Arbeit liegt auf der Geschlechterforschung.

Seit 1973 ist Bilden in der Frauenbewegung aktiv. Ihr Ziel ist es unter anderem, einen Beitrag zum Abbau der wahrgenommenen Geschlechterhierarchie zu leisten und die Ursprünge der Unterschiede zwischen den Geschlechtern zu erforschen. Sie vertritt die Meinung, dass geschlechtsspezifische Differenzen aus sozialer Interaktion entstehen und somit abhängig von vielen Faktoren und gesellschaftlichen Normen und Werten sind sowie einem historischen Wandel unterliegen, was später in der Vorstellung ihrer Texte zur ,,Geschlechtsspezifischen Sozialisation" von 1980 und 1991 vertieft wird. Die Autorin verfasste bereits viele Beiträge zur Geschlechterforschung, die nur teilweise veröffentlicht wurden. Einige der ehemals unveröffentlichten Schriften sind jedoch heute auf ihrer Internetseite zu finden. Dabei bezieht sie sich stets auf die aktuellen Erkenntnisse der Forschung. Seit 2006 ist Helga Bilden pensioniert.

3. Geschlechtsspezifische Sozialisation 1980

Der erste zu behandelnde Text zur ,,Geschlechtsspezifischen Sozialisation" ist 1980 im ,,Handbuch für Sozialisationsforschung" erschienen. In diesem Kapitel werde ich mich ausschließlich auf diesen Beitrag Helga Bildens beziehen. Alle Zitate stammen daher aus dem genannten Werk.

Die Autorin beginnt die Arbeit, indem sie ihre Grundvorstellungen zur menschlichen Sozialisation erläutert. Geschlecht definiert sie dabei als ,,soziale[...] Kategorie [...], die am biologischen Geschlecht, genauer: dem Körper, der Anatomie, festgemacht wird" (S. 777). Ihr Interesse am Thema erklärt sie dadurch, dass die Frauenforschung noch immer kein anerkannter Bereich sei. Die Beschäftigung mit dem Thema beschreibt sie einerseits als Versuch, zu verstehen, wie sie selbst zu der Person geworden ist, die sie ist, sowie andererseits die immer noch andauernde Benachteiligung von Frauen zu erklären. Dabei greift sie den bereits 1969 von ihr verwendeten Begriff der ,,Defizitperspektive" (S. 778) auf. Ihr Untersuchungsgegenstand ist somit die Sozialisation nach Geschlecht sowie die

2

Identitätsbildung. Sie nennt als Ziel ihres Artikels, die unterschiedlichen Lebens- und Sozialisationsbedingungen herauszuarbeiten, weist aber gleich zu Beginn darauf hin, dass es oft keine eindeutigen Ergebnisse gibt. Die Autorin stellt fest, dass ein Mann nicht ausschließlich „männlich" sozialisiert werden muss, sondern auch weiblichen Einflüssen unterliegen kann und umgekehrt. (vgl. S. 778)

Bilden macht schon zu Beginn ihres Beitrags ihre Position deutlich indem sie betont, dass Geschlechtsrollenkonzepte variieren und von einem ständigen Wandel begriffen sind. (vgl. S. 782) Darauf aufbauend bezieht sie sich auf verschiedene Theorien und empirische Untersuchungen aus den sechziger und siebziger Jahren, die überwiegend aus Deutschland und den USA stammen, und stellt mehrere Konzepte anderer Autorinnen und Autoren vor, um anhand dessen zu untersuchen, woher geschlechtsspezifische Unterschiede stammen.

Im zweiten Kapitel ihrer Arbeit setzt Bilden sich mit der Geschichte der sozialwissenschaftlichen Forschung auseinander. Im Abschnitt der Alltagspsychologie der Geschlechter bezieht sie sich unter anderem auf Hausen (1976), der als Charaktereigenschaften des Mannes beispielsweise Selbstständigkeit, Kraft und Aktivität auflistet und im Gegensatz dazu für die Frau die Eigenschaften Abhängigkeit, Hingabe und Passivität herausstellt. Diese komplementären Eigenschaften sollen durch die Ehe verbunden werden. (vgl. S. 779)

Durch die Frauenbewegung Ende der sechziger und Anfang der siebziger Jahre des 20. Jahrhunderts beschreibt Bilden neue Forschungsimpulse, beispielsweise die Entstehung neuer Begrifflichkeiten wie „Geschlechtsrollen", sowie deren Wandel, der vor allem im fünften Kapitel meiner Arbeit erneut thematisiert wird. Außerdem soll neben dem Einfluss der Familie auf die Sozialisation auch die Bedeutung von Bildungseinrichtungen untersucht werden. (vgl. 780f)

Sozialisation definiert Bilden 1980 als „stufenförmige[n] Aufbau eines gesellschaftlichen Individuums, einer handlungsfähigen Person" (S. 785). Zentral sei bei der Unterscheidung zwischen Mann und Frau vor allem die Arbeitsteilung. Die für Männer anerkannte Arbeit ist die „Berufsarbeit" (ebd.), für Frauen die „private Reproduktionsarbeit" (ebd.). Mehrfach ist die Rede von einer „Normalbiographie" (S. 802ff), in der bestimmte Dinge als Selbstverständlichkeiten angesehen werden. Dies meint beim Mann einen Lebenslauf, der vor allem von der Berufstätigkeit geprägt ist. Bei der Frau wird die Berufstätigkeit, wenn überhaupt vorhanden, durch Kinder abgebrochen oder pausiert.

Die Autorin widmet sich darauf folgend der Entstehung von männlichen beziehungsweise weiblichen Verhaltensweisen. Sie beschreibt wesentliche Unterschiede im Umgang mit Mädchen und Jungen, sogar schon bei der Behandlung von Säuglingen. Während männliche

Kinder früh durch oft auch unbewusstes Handeln zu Abgrenzung, Selbstständigkeit und Durchsetzungsvermögen erzogen werden, wird bei Mädchen Nähe und Sensibilität sowie frühe Einbindung in Haushaltstätigkeiten gefördert. Dies gilt sowohl für die Familie als auch für Bildungsinstitutionen wie den Kindergarten und die Schule und erfolgt durch die Prägung dort arbeitender Personen. Auch dazu stellt die Autorin sehr ausführlich verschiedene Konzepte zu verschiedenen Abschnitten der Kindheit vor. (vgl. S. 787ff)

Des Weiteren beschreibt Bilden die Beobachtung, dass die gesellschaftliche Bewertung von männlicher und weiblicher Tätigkeit schon im Kindesalter eine Rolle spielt, da zum Beispiel festgestellt wurde, dass Mädchen sich wünschen, auch mit dem Spielzeug des anderen Geschlechts spielen zu dürfen, während Jungs Mädchenspielzeug in der Regel meiden. Unter anderem durch diese Bewunderung des anderen Geschlechts scheint vielfach durch, dass Mädchen als minderwertiger gelten. (vgl. S. 790)

Vereinzelt beschreibt Bilden eigene Erfahrungen. So äußert sie zum Beispiel, dass auch gleichaltrige sowie etwas ältere Kinder eine Rolle in der Sozialisation und der Vermittlung von Werten spielen. Eine Untersuchung dazu führt sie nicht an. Zu dem Entstehungszeitpunkt ihrer Publikation zu wenig Beachtung gefunden haben ihrer Meinung nach die Medien und Bildungseinrichtungen bei der Vermittlung von Stereotypen. (vgl. S. 790f)

Ein weiterer ausführlich behandelter Aspekt ist die Aktivität beziehungsweise Passivität von Kindern. Mädchen gelten als eher passiv, Jungs als aktiv in ihrer Sozialisation (vgl. S. 792f). Des Weiteren spricht Bilden das geschlechtsbewusste Sprechen in der deutschen Sprache an. Das Weibliche rückt aus sprachlicher Sicht in den Hintergrund, da die häufige Gleichsetzung von Mann und Mensch „ganz selbstverständlich ein Bewußtsein des Männlichen als des Menschlich-Allgemeinen und Hervorragenden" (S. 800) vermittelt. Dadurch werde den Geschlechtern unbewusst eine Rolle zugeschrieben, wie die der minderwertigen Frau. Auch in der nonverbalen Kommunikation empfindet Bilden die männliche Dominanz als präsent, während Frauen sich anpassen und Unterwerfungsgesten wie das Senken des Blickes nutzen. (vgl. S. 801)

Ein wichtiger Punkt, den die Autorin thematisiert, ist der Fortschritt der Bildungswilligkeit der Mädchen sowie ihrer Eltern. Als Gründe dafür vermutet sie unter anderem Gleichberechtigungsbestreben sowie die vermehrte Aufnahme der Berufstätigkeit in den weiblichen Lebenslauf. (vgl. S. 804) Auf diesen Punkt werde ich detaillierter eingehen, wenn im fünften Kapitel die beiden Beiträge in Beziehung zueinander gesetzt werden und historisch sowie gesellschaftlich veränderte Denkweisen herausgestellt werden.

Zum Ende ihres Textes hin fasst Bilden zusammen, was sie aufzuzeigen versucht hat. Ihr

4

Anliegen ist es, die verschiedenen Lebensbedingungen bezüglich bereits aufgeführter Bereiche wie Arbeitsteilung und Macht-Beziehungen zwischen den Geschlechtern als unterschiedliche Sozialisationsbedingungen, die zu Männlichkeit und Weiblichkeit führen, darzustellen. Die Autorin ist sich bewusst, dass sie abweichende Aneignungsformen in ihrem Beitrag außer Acht gelassen hat und auch historische Veränderungen wie das vorherrschende Frauenbild dazu führen, dass das Thema komplexer und nicht so leicht durchschaubar ist, wie es in ihrer Publikation den Anschein hat. Als Aufgabe für die Zukunft sieht die Autorin es deshalb, neue Modelle und Methoden zu entwickeln, ,,um etwas mehr von dem Vergesellschaftungsprozeß als Männer und Frauen und seiner historischen Veränderung zu begreifen." (S. 807)

4. Geschlechtsspezifische Sozialisation 1991

Der hier behandelte Beitrag Bildens ist 1991 im ,,Neuen Handbuch für Sozialisationsforschung" erschienen. Es folgt nun eine Bearbeitung von ausschließlich diesem Text zur ,,Geschlechtsspezifischen Sozialisation". Alle Zitate in diesem Kapitel stammen aus dem genannten Werk.

Helga Bilden beginnt damit, zu erklären, wie der neue Text entstanden ist und mit welchen Schwierigkeiten sie sich beim Schreiben konfrontiert sah. Sie beschreibt, dass sie bisherige grundlegende Annahmen teilweise nicht mehr teilen kann, so zum Beispiel die Trennung von Individuum und Gesellschaft, und gesellschaftliche Wandlungstendenzen nicht repräsentiert sieht. Als weiteres Problem nennt sie die Reproduktion der ,,polarisierende[n] gesellschaftliche[n] Konstruktion der zwei Geschlechter" (S. 279), durch die die Frage nach dem Entstehen der Geschlechtsunterschiede erst aufkomme. Ihr Hauptanliegen sei es deshalb, andere mögliche Zugänge aufzuzeigen. (vgl. S. 280)

Die Autorin definiert erneut den Begriff des Geschlechts, das sie ,,im Sinne von gender als eine Kategorie sozialer Struktur bzw. als ein duales System von Symbolisierungen" (S. 280) sieht. Sie führt verschiedene Studien an, die sich mit den Persönlichkeitsunterschieden zwischen den Geschlechtern befassen. Dabei führen einige Forscherinnen und Forscher das Auftreten von Persönlichkeitsunterschieden auf unterschiedliche Sozialisationserfahrungen zurück, andere stellen jedoch auch fest, dass das Geschlecht oft nur ein bis fünf Prozent der Varianz erkläre. Geschlecht als einzige Variable sei somit bei solchen Untersuchungen nicht sinnvoll. (vgl. S.281)

Es folgt eine ausführliche Auseinandersetzung Bildens mit der geschlechtsspezifischen Arbeitsteilung. Sie geht auf die frühe Kindheit ein, aber auch auf ,,biographische[...]

Schlüsselsituationen" (S. 283) wie die Geburt eines Kindes. Der Schwerpunkt liegt dabei auf Lebensmustern von Frauen. Männer gelten als Haupternährer der Familie, Frauen machen ihre Erwerbstätigkeit abhängig von der familiären Situation. Die Autorin beschreibt, dass für Männer die Erwerbstätigkeit vorgesehen ist und Frauen nur erwerbstätig sein können, wenn es sich mit ihrer eigentlichen Aufgabe, der Arbeit in der Familie, vereinbaren lässt. Damit einher gehe, dass Männer eine größere politische Macht besäßen. Die Machtpositionen seien von Männern besetzt, was deren ,,Höherbewertung" (S. 292) deutlich mache.

Im nächsten Kapitel setzt sie Autorin sich mit der Körpersozialisation auseinander. Sie beschreibt, dass die Körper-Ideale häufig mit der kulturellen Sicht auf das jeweilige Geschlecht zusammenhängen. (vgl. S. 284f) Im Abschnitt über emotionale Sozialisation schreibt Bilden das Attribut der emotionalen Expressivität eher Frauen zu und stellt die These auf, dass bei Mädchen schon früh ihr Gefühlsrepertoire differenziert und erweitert wird, während Gefühlsausdrücke bei Jungs eher gehemmt werden. Dies führe zu erheblichen Unterschieden zwischen erwachsenen Männern und Frauen in Bezug auf Expressivität, Sensibilität und weiterer emotionalen Funktionen, die eine große Rolle in zwischenmenschlichen Beziehungen spielen. (vgl. S. 285ff) Bilden macht jedoch auch ihren eigenen Standpunkt deutlich, in dem die emotionalen Funktionen zwischen den Geschlechtern gar nicht so stark differieren, wie es die Forschungsergebnisse suggerieren. Die Unterschiede lägen vor allem im Ausdruck der Gefühle, nicht aber unbedingt in der Erfahrung verschiedener Emotionen. Die ,,komplementären emotionalen Funktionsweisen der Geschlechter" (S. 286) lassen eine gegenseitige Abhängigkeit entstehen. So ist eine geringere Sensibilität bei Männern vorteilhaft, um sich im Beruf gegen Konkurrenten durchzusetzen, wogegen Frauen genau diese Sensibilität beispielsweise in ihrer Rolle als Mutter brauchen. (vgl. S. 286)

Im nächsten Abschnitt thematisiert die Autorin den Einfluss von *peers*, womit sie andere Kinder und Jugendliche meint, der ihrer Meinung nach stark unterschätzt wird und gerade in der Entwicklung von geschlechtstypischem Verhalten eine große Rolle spielt. (vgl. S. 287f) Es folgt ein Kapitel über Medien, die viel mit Stereotypen arbeiten und diese oft ,,konservativer als die zeitgenössischen Einstellungen" (S. 288) darstellen. Als großes Problem sieht Bilden vor allem die Darstellung von Gewalt gegen Frauen in den Medien, da dies dazu führt, dass Männer in dieser Thematik weniger empfindlich reagieren und folglich Gewalt gegen Frauen eher tolerieren und dazu neigen, selbst gewalttätig zu werden. Jedoch sei die Inszenierung von Geschlecht in den Medien nur einer von vielen Faktoren, die dieses Verhalten beeinflussen. (vgl. S. 289f)

Das Kapitel 3.1 ihres Beitrags widmet Bilden dem Thema der ,,Geschlechterverhältnis(se) und männliche[n]   und   weibliche[n]   Individuen   als   Produkte   permanenter   sozialer

Konstruktionsprozesse" (S. 290). Sie beschreibt darin einen ständigen sozialen Wandel, von dem die Geschlechterverhältnisse bestimmt werden, sowie andauernde Prozesse, an denen die Individuen beteiligt sind. Umbrüche können schnelle Veränderungen mit sich ziehen. Als Beispiel nennt die Autorin die deutsche Vereinigung. Das Geschlechterverhältnis beschreibt sie als ,,verhandelt und umkämpft" (S. 291) und sieht Veränderungspotenzial als abhängig von Macht und materiellen Möglichkeiten ,,vom Einkommen bis zum Kindergartenplatz" (ebd.).

Weiterhin thematisiert Bilden die Schwulen- und Lesbenbewegung und fasst zusammen, dass der gesellschaftliche Ruf einer Abweichung von der Norm bei homosexueller Orientierung zu einer ,,fast zwanghafte[n] Zuordnung" (S. 292) zu heterosexuellen Paaren führt. Die Geschlechterverhältnisse beschreibt die Autorin als gesellschaftlich konstruiert und die Bedingungen für eine Aufrechterhaltung als einem ständigen historischen Wandel unterlegen. Dabei gibt es nur ein Zwei-Geschlechtersystem, jede/r gehört sein Leben lang unweigerlich entweder der männlichen oder der weiblichen Kategorie an. (vgl. S. 293f)

Der weiteren stellt Bilden die ,,Theorie divergierender Entwicklung der Objektbeziehungen" (S. 295) von Nancy Chodorov aus dem Jahre 1978 vor. Diese beschreibt den Individuationsprozess eines Jungen als Abgrenzung von der Mutter, die einhergeht mit ,,Abgrenzung und Negation des [...] Weiblichen" (ebd.). Das Mädchen dagegen entwickelt sich in der Beziehung zur Mutter, was zu einer ,,Unterdrückung von Autonomiebedürfnissen" (ebd.) führe. Daraufhin bezieht sie sich außerdem auf die ,,Strukturprinzipien der Aneignung" nach Carol Hagemann-White (1984), nach denen die Individualitätsbildung nach Männlichkeit und Weiblichkeit sehr früh beginnt und somit unbewusst ein Leben lang bleibt. Dies werde durch die ausschließliche Betreuung von Kleinkindern durch Frauen verstärkt. Jedoch wird die Vaterfigur, die zu einer Identifikation mit einer männlichen Rolle führt, dabei vollständig außer Acht gelassen. Bilden kritisiert an Chodorovs Theorie, dass ,,Biographische Brüche, situationsspezifische Anforderungswechsel [und] gesellschaftlicher Wandel" (S. 296) keine Beachtung finden.

Im Vergleich zur Theorie Chodorovs stellt sie daraufhin die ,,Entwicklung zur Autonomie und / oder in Bindungen" (S. 296) nach Gilligan von 1984 vor. Demnach ist die weibliche Person eher an Bindungen (connectedness) und Verantwortung für andere (care) orientiert als die männliche. Dagegen gibt es jedoch auch die Theorie von Belle von 1985, dass care-Orientierungen abhängig von der Lebenssituation seien, nicht aber unmittelbar vom Geschlecht. Bilden beschreibt dies als sehr interessantes Forschungsgebiet, ordnet sich jedoch nicht eindeutig einem Standpunkt zu. (vgl. S. 296)

Das letzte Kapitel ihres Beitrags widmet die Autorin den ,,Gegenwärtige[n] Veränderungstendenzen im Geschlechterverhältnis und ihre[n] Konsequenzen für individuelle

Lebensgestaltung und Entwicklung" (S. 297). Darin legt sie dar, dass eben diese Veränderungstendenzen den Individuen mehr Freiraum für eigene Entscheidungen lassen. Das Erwerbsverhalten der Frauen wird kontinuierlicher, die „weibliche Normalbiographie" (S. 297) , von der noch 1980 die Rede war, löst sich auf. Die Motivation dazu liegt inzwischen neben der finanziellen Absicherung vor allem in eigenen Interessen wie Unabhängigkeit und Anerkennung der Leistung. Durch späteren Eintritt in die Ehe, sinkende Kinderzahlen und steigendes Erstgeburtsalter sowie eine höhere Lebenserwartung ist relativ betrachtet nur noch ein geringerer Teil des Lebens durch eine aktive Elternschaft geprägt. Trotzdem bleiben die Frauen zuständig für die familiäre Arbeit, der Mann bleibt Haupternährer. Es gibt inzwischen mehr alternative Lebensformen neben der traditionellen Vater-Mutter-Kind-Familie, die Scheidungshäufigkeit steigt, es gibt vermehrt nichteheliche und homosexuelle Lebensgemeinschaften sowie alleinerziehende Elternteile. Es gibt mehr Lebensmöglichkeiten als je zuvor. Jedoch herrsche immer noch ein Machtungleichgewicht zwischen den Geschlechtern. So sei die „gleichberechtigte Teilhabe der Frauen an gesellschaftlicher Macht" (S. 298) noch umkämpft. Die Frauenbewegung hält an und die Vormachtstellung der Männer wird in Frage gestellt. Die Arbeitsteilung beispielsweise sei gefährdet durch die Umstrukturierung weg von körperlicher Arbeit und somit veränderten Anforderungen. Die zuvor thematisierte Polarität der Geschlechter verliert durch Überschneidungen an Bedeutung. (vgl. S. 297ff)

Die genannten Veränderungstendenzen sprengen laut Bilden das Sozialisationsparadigma und führen zu einer „immer unübersichtlicher werdende[n] Gesellschaft mit zunehmender Differenzierung und rapidem Wandel" (S. 300). Die Rede ist weiterhin von „Transformationsprozessen der bürgerlichen Gesellschaft in eine neue Moderne" (ebd.), was ein neues Verhältnis von Individuum und Gesellschaft schafft. Bilden selbst plädiert für individuelle Lebensgestaltung und Entwicklung, sodass eben diese „individuelle[n] Entwicklungsprozesse als lebensgestaltende Praxis" (S. 301) zum Forschungsgegenstand werden könnten.

5. Vergleich

Nachdem in den vorangegangenen Kapiteln die Texte jeweils für sich vorgestellt wurden, werde ich die Beiträge nun in Bezug zueinander setzen und auf vergleichbare Gesichtspunkte, Gemeinsamkeiten und Unterschiede untersuchen. Dabei werde ich neben der inhaltlichen Ebene auf die historische Bedingtheit, den derzeitigen Forschungsstand, die Verwendung verschiedener Begrifflichkeiten, hergestellte Theoriebezüge und empirische Befunde sowie

Stärken und Schwächen der vorgestellten Konzepte Bezug nehmen.

Die Anfänge der expliziten Frauenforschung, die nicht mehr nur m Vergleich zum Mann gesehen wurde, liegen in Deutschland in der sechziger Jahre des 20. Jahrhunderts. Impulse dafür kamen vor allem durch die Frauenbewegung sowie durch Studien aus den USA. Zentral war dabei die Unterscheidung zwischen Gender und Sex, also dem kulturellen und dem biologischen Geschlecht. Sozialisation wurde das Gegenkonzept zu biologischen Erklärungen und zu dem Standpunkt, geschlechtsspezifische Unterschiede seien angeboren.

Auch Helga Bilden war wie bereits erwähnt seit 1973 in der Frauenbewegung aktiv. Das Ziel war es, ihre Texte über die derzeitigen Erkenntnisse der Forschung einem breiten Publikum zugänglich zu machen und geschlechtsspezifische Differenzen zu erklären. In beiden hier behandelten Publikationen legt sie dafür als Grundstein, dass potenzielle Unterschiede, nicht genetisch bedingt sind, sondern durch einen lebenslangen Prozess, die Sozialisation, angeeignet werden. Dabei spiegeln die Beiträge den jeweiligen Stand der Frauenforschung. Die Autorin beschreibt den Menschen in Auseinandersetzung mit seinen jeweiligen Lebensbedingungen. Dabei spielt vor allem 1991 das Aufbrechen der bestehenden Geschlechterverhältnisse und der Wandel in Richtung gleicher Möglichkeiten eine große Rolle und das damit einhergehende Veränderungspotenzial zur Gleichberechtigung der Frau, während 1980 noch vom Minoritätsstatus die Rede ist. (vgl. 1980, S. 792; 1991, S. 300)

Der fachliche Erkenntnisstand seit Erscheinen der ersten Auflage des Handbuchs hat sich erheblich verändert und erweitert. Während Bilden in ihrer ersten Publikation relativ neutral wirkt und eine Art Bestandsaufnahme macht, scheint sie im zweiten Beitrag eher Forschungs- und Klärungsbedarf zu erkennen und macht verstärkt ihren Standpunkt deutlich. Dies deutet sich bereits bei einem Blick auf das Inhaltsverzeichnis an, da die Autorin ihr zweites Kapitel mit ,,Geschlechtsunterschiede und ihre Sozialisation – Grenzen eines Paradigmas" tituliert. Das weist darauf hin, dass sie Grenzen der vorherrschenden Denkweisen erkennt. Neben thematisch ähnlichen Bereichen wie der Arbeitsteilung, die in beiden Beiträgen behandelt wird, spielten beispielsweise die Medien im Beitrag von 1980 noch keine Rolle, werden 1991 jedoch aufgegriffen. 1980 widmet Bilden noch ein Kapitel der Geschichte der Forschung, elf Jahre später beschränkt sie sich auf einen ausführlichen Schlussteil, in dem sie sogenannte ,,Gegenwärtige Veränderungstendenzen" (1991, S. 297) aufführt. Das lässt sich als weiterer Hinweis darauf werten, dass in diesem Text verstärkt ihr eigener Standpunkt herausgestellt wird.

Während sie 1980 im ersten Kapitel vor allem die Grundvorstellungen, von denen sie ausgeht, beschreibt, erklärt sie in der Einleitung von 1991, weshalb sie Schwierigkeiten hatte, einen neuen Handbuch-Eintrag zu verfassen. Sie stellt fest, dass die Auseinandersetzung mit geschlechtsspezifischer Sozialisation unweigerlich bedeutet, dass ein männlicher sowie ein weiblicher Sozialcharakter nach typischen Geschlechtsunterschieden konstruiert wird. Damit unterstütze man nur die Reproduktion des „schematisierenden Dualismus von männlich-weiblich" (1991, S. 279). Frauenbilder stehen immer in Kongruenz zu gesellschaftlich, historisch und kulturell bestimmten und vermittelten Bildern vom Mann. So schreibt Bilden 1980, dass es „geschlechtsspezifisch" hieße, „weil das Interesse an Frauen sich hinter einem Vergleich von Männern und Frauen verstecken mußte" (1980, S. 778). Die Einordnung in die Dichotomie des Geschlechtersystems gilt als notwendige Anpassung, das Geschlecht ist konstant und der Körper der Ausgangspunkt zur Bildung einer Identität. (vgl. 1980, S. 794ff) 1991 erweitert die Autorin diese Theorie und umschreibt die Sozialisation als einen andauernden Prozess, in dem im Alltag Männlichkeit und Weiblichkeit reproduziert oder verändert werden und somit die Zweigliedrigkeit des Geschlechtersystems beeinflussen. (vgl. 1991, S.291)

Die Autorin versteht in beiden Artikeln Sozialisation als zusammengesetzt aus mehreren Prozessen, die nicht voneinander zu trennen sind. Diese Prozesse beruhen auf dem bestehenden Normen- und Wertesystem und fordern eine Anpassung an die Gesellschaft, um in dieser existieren zu können. Individuen eignen sich in alltäglichen Interaktionen wie beispielsweise der Kommunikation mit und der Behandlung von Kindern, wie ich sie bereits zuvor beschrieben habe, Geschlechterdifferenzen an. Die Identitätsbildung erfolgt in einem Kontext des Aufwachsens, indem jede/r seine persönlichen Kompetenzen erwirbt. So entstehen Handlungsmuster in einer bereits vorgegebenen Struktur. Diese Struktur scheint sich aber in den elf Jahren zwischen der Entstehung beider Publikationen erheblich verändert zu haben, sodass Bilden 1991 von einem weitaus größeren Spielraum und dem Zwang zu individuellen Entscheidungen in der Persönlichkeitsentwicklung spricht. Dies spiegelt die veränderten gesellschaftlichen und wissenschaftlichen Denkweisen und zeigt die Fortschritte in der Forschung. Die Autorin selbst spricht von der zunehmenden Geschwindigkeit des sozialen Wandels. (vgl. 1991, S. 290, 297ff)

Die Autorin thematisiert in ihren Beiträgen das Zwei-Geschlechtersystem. Während es 1980 noch keine Alternative dazu zu geben scheint, legt sie 1991 eine Bandbreite als Lebensformen dar und macht somit einen Ausbruch aus diesem diesem zweigeschlechtlichen System möglich. Dabei bezieht sie sich unter anderem auf ein Zitat von Tyrell von 1986 und spricht von der „Deinstitutionalisierung der Familie" (1991, S. 297), durch die es deutlich größere Handlungsspielräume als noch 1980 zu geben scheint. Die Lebensform ist wählbar geworden. Eine eindeutige Geschlechtsidentität gilt jedoch weiterhin als Voraussetzung und gleichzeitig als Folge für die Teilhabe am sozialen Leben. Der Bereich der Homosexualität wird thematisiert und scheint somit zunehmend akzeptiert zu werden. (vgl. 1980, S. 794; 1991, S. 292ff)

1980 stellt Bilden die „weibliche Normalbiographie" (1980, S. 802ff) vor. Charakteristisch ist, dass Frauen sich in erster Linie nach der Familie richten. So wird die Erwerbstätigkeit, wenn überhaupt vorhanden, für Kinder unterbrochen oder sogar aufgegeben. Der Mann ist der Familienernährer. 1991 dagegen spricht die Autorin davon, dass sich diese Normalbiographie auflöse. Gründe dafür können vor allem die bereits erläuterten alternativen Lebensformen sein, aber auch die Umstrukturierung der Arbeit weg von körperlicher und hin zu geistiger Anstrengung, sodass viele Tätigkeiten nun auch eher für Frauen in Frage kommen. Außerdem ist der Mann oft nicht mehr der alleinige Familienernährer. Die geschlechtliche Arbeitsteilung befindet sich im Wandel. Als Gründe für die Berufstätigkeit von Frauen nennt Bilden unter anderem finanzielle Sicherheit, aber auch den Wunsch nach Unabhängigkeit und Anerkennung der eigenen Leistung. Auch die 1991 angesprochene erhöhte Bildungswilligkeit der Mädchen und Frauen könnte eine Rolle spielen. Ihre Schulbildung beziehungsweise ihre Bildungschancen scheinen in den elf Jahren, die zwischen den Publikationen liegen, deutlich besser geworden zu sein. Jedoch bleibt die Autorin in beiden Texten bei dem Standpunkt, dass für Männer die Erwerbstätigkeit vorgesehen ist und für Frauen trotzdem weiterhin eher die Hausarbeit eine Rolle spielt.(vgl. 1980, S. 778, 779; 1991, S. 291f, 297)

Auch die Begrifflichkeiten, mit denen die Autorin arbeitet, haben sich verändert. So führt sie 1991 beispielsweise den Begriff „peers" ein, den sie 1980 lediglich umschreibt, indem sie von ihrem Eindruck vom Einfluss der gleichaltrigen und etwas älteren Kindern spricht. Die inhaltliche Feststellung bleibt jedoch gleich, und zwar dass andere Kinder eine wichtige Rolle bei der Vermittlung von „richtigen", also gesellschaftlich erwarteten, der Norm entsprechenden Attributen spielen. (vgl. 1980, S. 790; 1991, S. 287)

Bilden beschreibt in beiden Beiträgen das Spielverhalten von Kindern. In diesem Bereich lassen sich keine Unterschiede zwischen den Texten finden. Die Autorin schreibt über geschlechtstypisches Spielzeug und die Ermutigung der entsprechenden Wahl durch die Erwachsenen, die zwischen „richtigen" und „falschen" Aktivitäten unterscheiden. Dabei seien Jungs stärker in ihren Präferenzen und zeigen eher abwertendes Verhalten gegen Mädchenspielzeuge, während Mädchen häufig den Wunsch hegen, mit dem gegengeschlechtlichen Spielzeug spielen zu dürfen, was die Unterschiede im Machtverhältnis spiegelt und zu einer frühen „kognitiven Verbindung von Prestige und Geschlecht" (1980, S. 795) führt. Im Spielverhalten von Kleinkindern wird somit schon die Arbeitsteilung eingeübt. Des Weiteren erfolge eine erste Berufsorientierung. (vgl. 1980, S. 789f; 1991, S. 282f)

1991 beschreibt Bilden die Beobachtung, dass Jungs sich im Kindesalter stärker der Mutter entziehen und weibliches Verhalten abwerten, während Mädchen stärker bewacht und in ihrer Eigenaktivität beschränkt werden. (vgl. 1991, S. 287) 1980 bezieht sie sich auf eine Studie bezüglich des Verhaltens von Betreuerinnen in sogenannten nursey schools von Serbin und O'Leary (1975). Diese fanden heraus, dass männliche Kinder eher in Richtung Eigenständigkeit und Aktivität unterstützt werden und ihnen das Gefühl von Höherwertigkeit vermittelt wird, während Mädchen zu Dienstleistungstätigkeiten und Unterordnung erzogen werden. (vgl. 1980, S. 791) Auch in diesem Untersuchungsteil werden also trotz der Zeitspanne relativ ähnliche Forschungsergebnisse dargestellt. 1980 zeigt Bilden außerdem Ergebnisse einer Studie auf, die sich mit dem Verhalten von Erwachsenen gegenüber Säuglingen sowie deren Reaktionen befasst.

Dabei wurden sehr geringe Unterschiede in den Reaktionstendenzen der Mädchen und Jungen festgestellt, jedoch deutliche geschlechtsabhängige Unterschiede in der Behandlung durch die Erwachsenen. (vgl. 1980, S. 787f) 1991 geht Bilden einen Schritt weiter und stellt in Frage, ob die emotionalen Funktionsweisen bei Männern und Frauen generell so stereotyp verschieden sind, wie sie häufig dargestellt werden. Dagegen schrieb sie elf Jahre zuvor noch, dass Mädchen insgesamt zu mehr Expressivität von Emotionen erzogen werden, was sensiblere Regungen fördere. Die Betrachtungsweise ist also 1991 differenzierter. (vgl. 1980, S. 798; 1991, S. 286)

Ein weiterer Unterpunkt, der in beiden Publikationen thematisiert wird, ist die Sexualität. 1980 schreibt die Autorin von sexueller Unterdrückung der Frauen und der Beobachtung, dass sie sich auch in diesem Lebensbereich dem Mann eindeutig unterordnen. 1991 scheint dies sich gewandelt zu haben. Bilden beschreibt zunehmende Ansprüche der Frauen was ihre eigene sexuelle Befriedigung angeht. Dies deutet auf eine Machtverschiebung im häuslichen Bereich hin. Außerdem spricht die Autorin neue Themen wie die Lesben- und Schwulenbewegung sowie die Veränderungen durch AIDS an, die 1980 noch nicht thematisiert wurden. (vgl. 1980, S. 798; 1991, S. 298)

Weiterhin wird in beiden Texten von Bilden die Polarität der Geschlechter angesprochen. Während 1980 die Rede davon ist, dass die polaren und komplementären Eigenschaften durch die Ehe vereinigt werden, kritisiert die Autorin 1991, dass dies zu einer pauschalen Gegenüberstellung von Mann und Frau führe, die nicht mehr aktuell sei. (vgl. 1980, S. 779; 1991, S. 299)

Auffällig ist es, dass Helga Bilden sich in ihren Publikationen überwiegend auf weibliche Autorinnen bezieht. So greift sie beispielsweise sowohl 1980 als auch 1991 Publikationen von Carol Hagemann-White (1977, 1984) auf und stellt 1991 die Theorie Nancy Chodorovs (1978) vor. Dabei unterstützt Bilden nicht immer den von anderen Autorinnen gewählten Standpunkt, sondern beleuchtet das Geschriebene aus einem kritischen Blickwinkel mit Bezug auf den aktuellen Forschungsstand. Auch auffällig ist es, dass die Autorin sich in ihren Publikationen mehrfach auf die gleichen Autorinnen und Autoren bezieht, beispielsweise auf eben genannte Theorien von Chodorov und Hagemann-White sowie ihre eigenen Beiträge aus 1969 und 1980 wird wiederholt Bezug genommen. (vgl. 1980, S. 778, 785; 1991, S. 295f) Dies lässt vermuten, dass die Frauenforschung zu der Zeit auch eher ein Bereich war, in dem Frauen forschten, sodass es vermehrt Publikationen weiblicher Autorinnen gab und weniger Bezug auf Forschungsergebnisse von Männern genommen werden konnte.

6. Fazit

Insgesamt überzeugend wirkte auf mich in Bildens Arbeit, dass sie neben der frühen Kindheit auch auf die spätere Identitätsbildung eingeht und von einer lebenslangen Sozialisation ausgeht. Neben dem Einfluss der Familie lässt sie dabei auch andere Kinder und Institutionen wie die Bildungseinrichtungen nicht außer Acht. Des Weiteren scheint sich die Autorin bewusst zu sein, dass sie lediglich einen Überblick anhand ausgewählter Literatur gibt. So spricht sie beispielsweise davon, dass sie eine rigorose Auswahl aus einer ,,Fülle der Literatur" (1991, S. 283) treffe und stellt dabei als Auswahlkriterium unter anderem die Aktualität der Texte auf. Dies dürfte für beide Beiträge Bilden gelten. So bezieht sie sich in ihrer Publikation von 1980 auf Forscherinnen und Forscher und deren Studien aus den sechziger und siebziger Jahren und greift 1991 fast ausschließlich auf Beiträge aus den achtziger Jahren zurück. Jedoch sind die Autorinnen und Autoren wie bereits zuvor beschrieben mehrfach die gleichen.

Mit einem Blick auf den heutigen Stand der Frauenforschung scheinen mir Bildens Ansichten zwar heute nicht mehr durchgängig aktuell, jedoch für die damalige Zeit teilweise sehr fortschrittlich. So thematisiert sie beispielsweise im Beitrag von 1991 die Homosexualität, die damals kein gesellschaftlich akzeptierter Bereich war, sondern deutlich von der Norm abwich. Andere Punkte dagegen kann ich nicht teilen. Die Autorin beschreibt zum Beispiel 1980 in einem Abschnitt über nonverbale Kommunikation wie bereits in der inhaltlichen Zusammenfassung herausgearbeitet wurde eine deutliche Dominanz der Männer und Unterwerfungsgesten von Frauen. Es ist aus heutiger Sicht nur schwer vorstellbar, dass diese relativ pauschale Aussage empirisch belegbar und durchgängig im öffentlichen sowie im privaten Bereich Realität war.

Da beide Texte inzwischen mehr als zwei Jahrzehnte zurückliegen, fällt es schwer, eine Aussage über die zeitliche Aktualität zu treffen. Es sind deutliche Fortschritte abzulesen und auch die Denkweise der Autorin scheint sich gewandelt zu haben. Im Vergleich zur heutigen Zeit lassen sich jedoch erneut viele Fortschritte in der Frauenforschung beschreiben, sodass einige der behandelten Bereiche erneut aktualisiert werden müssten und auf aktuelle Studien Bezug genommen werden sollte. Sehr überzeugend finde ich trotzdem, dass Bilden mehrfach betont, dass man die Komplexität des Sozialisationsprozesses sowie den historischen und gesellschaftlichen Wandel, dem dieser unterliegt, über ihre Beiträge hinaus erfassen muss. Auch in dem Punkt der Selbstsozialisation stimme ich mit der Autorin überein und unterstütze den Standpunkt, dass die Individuen sich in Beziehung zu ihrer Umgebung entwickeln und durch gesellschaftliche Interaktion die Geschlechterverhältnisse geprägt werden. Somit würde es sich um einen durchaus aktiven, wenn auch unbewussten, Aneignunsprozess der Geschlechterordnung in lebenslanger Sozialisation handeln.

7. Literaturverzeichnis

Bilden, Helga: Geschlechtsspezifische Sozialisation, in: Hurrelmann, Klaus; Ulich, Dieter (
1980): Handbuch der Sozialisationsforschung. Weinheim, Basel:
Beltz.

Bilden, Helga: Geschlechtsspezifische Sozialisation, in: Hurrelmann, Klaus; Ulich, Dieter
(1991): Neues Handbuch der Sozialisationsforschung. 4., völlig
neubearbeitete Aufl. Weinheim, Basel: Beltz.

Bilden, Helga: www.helga-bilden.de, zuletzt geprüft am 28.09.2014.